Herausgeber: Freddy Fischer Stiftung
Text und Redaktion: Freddy Fischer
Design & Illustration: Haus des guten Geschmacks GmbH, Essen
Druck: Köhler Druck GmbH, Heiligenhaus
Buchbindung: Buchmanufaktur Berenbrock, Wuppertal

Limitierte Erstauflage

401 /600

Freddy Fischer: Hey Du! Ich bin´s, deine Seele!
November 2018
ISBN 978-3-00-060839-1

DU-UND-DEINE-SEELE.DE

Hey Du!

ICH BIN'S,
DEINE SEELE!

Ich freue mich,
dass Du dich auf die Reise nach innen begibst.
Viel Freude beim Lesen.

INHALT

GEBOREN ZU WERDEN BEDEUTET, EINE SEELE ZU BEKOMMEN.

VORWORT

Was ist die Seele? Wo sitzt sie eigentlich? Und wie sieht sie aus? Es gibt sie, die Bilder von der Seele. Man muss den Begriff nur in die Google-Bildersuche eingeben und staunen: Irgendwas mit Licht muss sie offenbar zu tun haben. In auffällig vielen Darstellungen bricht der Sonnenstrahl durch die Nebel hinein in traumhaft schöne Landschaften. Dort möchte wohl jeder nur zu gerne seine Seele baumeln lassen.

Dass sich Künstler fragen, wie sich die Seele darstellen lässt, ist nichts Neues. Vor 500 Jahren war man gerne konkreter, plastischer, drastischer. In einem Augsburger Holzschnitt aus dem Jahr 1508 entweicht die Seele in Form eines Säuglings aus dem Mund eines hundeelend Sterbenden und wird von einem Engel hilfsbereit in Empfang genommen. Das passt heute wenig in die Sehgewohnheiten unserer aufgeklärten unfrommen Gesellschaft. Das muss nicht heißen, dass wir es am Ende unserer Tage nicht vielleicht doch genau so erleben werden. Wer weiß das schon!

Je mehr wir uns mit dem Thema beschäftigen, umso mehr Fragen stellen sich uns. Das ist nicht nur verwirrend, das bringt uns auch weiter. Fragen Sie mal 100 Seelsorger, was eigentliche Seele ist – und Sie werden 200 und mehr Antworten bekommen. Und jede wird richtig sein. Und jede trägt ein Mosaiksteinchen zum Bild der Erkenntnis bei.

Freddy Fischer, erfolgreicher Geschäftsmann, sensibler Zuhörer und empathischer Helfer, hat das auch oft gefragt – und er hat nun dieses Buch dazu geschrieben. Es war ein glücklicher Einfall, dies in Form eines Zwiegesprächs zu tun. „Hey Du, ich bin's, Deine Seele …" Wen würde das nicht neugierig machen, wenn er plötzlich von seinem eigenen Ich angesprochen würde?

Man muss seiner Seele nicht zuhören, um ein gutes, glückliches Leben zu führen. Es mag Menschen geben, die es ohne diese Hinweise hinbekommen. Wieder andere reagieren intuitiv auf die Regungen aus dem Innenleben. Andere müssen das Zuhören lernen, weil das Ignorieren der Hinweise sie in eine Sackgasse zu führen droht. Wer auf Dauer gegen das verstößt, was ihm die Seele zu tun aufgibt, der wird krank werden.

Und so wird jeder Leser, der mit offenem Herzen an dieses Buch herangeht, etwas anderes für sich finden: Bestätigungen, Aha-Effekte, Sensibilisierungen. Es kann sehr hilfreich sein, dass wir darauf vorbereitet sind, wenn die Seele sich plötzlich meldet und zu uns spricht.

Dieses Buch leistet einen Beitrag dazu und fordert uns auf, die leeren Seiten darin mit eigenen Erkenntnissen zu füllen. Und mit eigenen Fragen.

Peter Toussaint
NRZ Essen

EINLEITUNG

Meine Seele hat mir viele Tore im Leben geöffnet. Rückblickend war alles sehr bereichernd auf einer tiefen Gefühlsebene – ich habe aber gelernt was Zerrissenheit und destruktive Gefühle bedeuten und wo sie mich hinleiten können. Wie schmerzlich und leer von Liebe ein Lebensweg doch sein kann, der sich von der Seele entfernt. Schön war immer dieses Gefühl in Lebenslagen, in denen es ganz ganz dunkel war – nämlich, dass da etwas ist, was man fühlt, das da ist, das nicht wertet, das einen unterstützt, das es gut mit mir meint, das mir Impulse gesendet hat, die mich zum Glück zurückgeführt haben.

Meine Lebensaufgabe hat etwas mit Spiel, Freude, Neugier, Interesse an den Menschen und dem Willen, der Menschlichkeit Ausdruck zu geben, zu tun. Verbundenheit spielt eine große Rolle in meinem Leben. Ich habe aber auch gelernt, dass es verschiedene Energien gibt auf diesem Planeten. So gibt es auch Menschen, die diese Neugier, dieses Interesse helfen zu wollen, radikal ausnutzen und die einem mit ihrer Anwesenheit nur schaden. Schön ist eben dieses Bauchgefühl, das ich gleichsetze mit einer Botschaft meiner Seele, die darauf hinweist, wo mich das Leben etwas gelehrt hat.

Heute weiß ich, dass mir viel Leid erspart geblieben wäre, wenn ich auf dieses Bauchgefühl gehört hätte.

Genau das ist auch der Grund, warum ich dieses Buch geschrieben habe. Ich möchte Euch unterstützen, auf Euer Gefühl zu hören, egal wie seltsam das vielleicht im Augenblick in Eurer Lebenssituation ist.

Gebt Eurem Fühlen Kraft (dem Bauchgefühl) und lebt ein glückliches Leben in Verbindung mit Eurer Seele. Wenn meine Gedanken ein bisschen helfen können, Euren inneren Empfänger auf die Frequenz einzustellen, auf der Eure Seele funkt, dann habt ihr meine Seele damit glücklich gemacht.

Mit meinen Worten und Bildern versuche ich auszudrücken, was die Seele und ihre Welt für mich bedeuten, vielleicht passen sie in Euer Denken, vielleicht auch nicht. Sie versuchen sich der Seele zu nähern, jedenfalls soweit das durch Worte und Bilder überhaupt möglich ist; vielleicht können sie Dir einen Weg weisen, auf dem Du am Ende Kontakt zu Deiner Seele findest.

Viel Spaß und Inspiration beim Lesen.
Freddy Fischer

DEINE
WELT

Hey Du, seit Deiner Geburt sind wir zusammen und trotzdem getrennt auf der Reise durch das Leben. Deine Geburt: ein magischer Seelenaugenblick. Die Menschen schauten Dich alle voller Freude an. Du, der aus dem Bauch deiner Mutter kam, warst total erschrocken und hast zuerst einmal alle angeschrien. Mit Deinem ersten Atemzug hast Du dann allen um dich herum gezeigt, was Leben heißt.

WIR SIND EIN GUTES TEAM, ABER EINANDER SO RICHTIG KENNEN GEHT ANDERS.

Ich bin echt happy, dass Du das jetzt ändern willst. Ansonsten hättest Du ja nicht zu diesem Buch gegriffen. Ich freue mich total auf das, was dieses für uns beide bedeuten kann – auf die neuen Chancen und neuen Möglichkeiten, die dieser Weg uns beiden und der ganzen Schöpfung eröffnet.

Lass uns gemeinsam diese neuen Möglichkeiten erkunden. Wenn wir uns verstehen, sind wir ein unschlagbares Team in diesem Leben und darüber hinaus.

Sehen wir uns als Erstes in vereinfachter Form an, was unser Leben ist.

WAS GENAU BIST DU?

KÖR-
PER

DEIN
EGO

GEHIRN
GEIST

SEELE

Du siehst: Du bist zusammengesetzt aus verschiedenen Teilen. Vereinfacht gesprochen ist Dein Körper vergleichbar mit einem Auto, das Dich durchs Leben bewegt. Da ist Dein Geist bzw. Gehirn – das denkende Du. Und dann bin da ich – die Seele. Vereint auf unsere gemeinsamen Lebensjahre in Deinem Körper, der sich ständig verändert. Wir drei ergeben gemeinsam Deine Einheit als „Du". Durch unser Zusammenwirken in diesem Leben ist das entstanden, was Dich ganz persönlich ausmacht.

Sehen kannst Du mich nicht, aber Du kannst mich fühlen. Das ist ein bisschen so wie bei Liebe, Wut, Gier und Angst. Die kannst Du auch nicht sehen, und doch gibt es das alles in Dir. Es gibt all das in Dir, weil es mich gibt. Ich helfe Dir schon immer dabei, mit Deinen Gefühlen und Emotionen umzugehen.

WENN DIE WUT IN DIR AUFSTEIGT, SENDE ICH DIR DIE GEDULD.

**WENN DIE GIER
IN DIR AUFSTEIGT,
SENDE ICH DIR
ZUFRIEDENHEIT.**

**WENN DIE ANGST
IN DIR AUFSTEIGT,
SENDE ICH DIR MUT.**

**WENN DER ZWEIFEL
IN DIR AUFSTEIGT,
SENDE ICH DIR
VERSTÄNDNIS.**

Gefühle wie Wut, Gier, Angst, Zweifel, Ärger, Trauer, Furcht, Freude, Liebe sind ein Produkt der Verarbeitung von äußeren Reizen. Ihr Ursprung liegt in der Wahrnehmung durch Deine Sinnesorgane – sie wirken zusammen mit dem inneren Gefühlszustand.

Hier findet ein interessantes Wechselspiel statt, zwischen Deinem Inneren und der Dich umgebenden Welt.

Dieses Wechselspiel betrifft übrigens auch Deinen Körper. Dein Körper besteht aus Milliarden Zellen, die sich in einem ständigen Veränderungsprozess befinden. In einem Zeitraum von circa zehn Jahren haben sich fast alle Zellen Deines Körpers komplett ausgetauscht. Deine Haut braucht dafür nur ein paar Tage, Dein Skelett circa zehn Jahre, nur Deine Herzzellen verändern sich kaum, sie begleiten dich zum größten Teil ein Leben lang.

Alles befindet sich in einem ständigen Veränderungsprozess und in einem Austauschprozess mit der Welt, die uns umgibt.

Mit Deinem „Gesamt-Du" verhält es sich genauso wie mit der Materie, die Dich umgibt. Sie besteht aus Empfindungen, Wahrnehmungen, biologischen und chemischen Stoffen und Verbindungen, den Grundelementen, dem neuronalen Denken, einem ständigen Austausch mit allem, was Dich umgibt, und vielen weiteren Wechselwirkungen.

Ich beobachte seit Deiner Geburt, wie viele Entwicklungen dazu beigetragen haben, dass Du so geworden bist, wie Du heute bist.

Als Neugeborenes bist Du ohne ein bestimmtes Wissen über eine Religion oder Gesellschaftsform auf diese Welt gekommen. Dafür hast Du eine in Dir angelegte Neigung zur Verbundenheit, zu der Liebe, der Güte und dem Mitgefühl mit auf diese Welt gebracht, und zwar völlig unabhängig davon, in welchem Religionskreis oder in welchem Land du geboren wurdest.

Die Gefühle und Prägungen Deiner Eltern und der Umgebung, in der Du groß geworden bist, haben am meisten zur Entstehung Deines Ichs beigetragen. Dazu gehörten auch der Kulturkreis, in den Du hinein geboren wurdest, die Religion Deiner Heimat und das Bildungssystem, das Du durchlaufen hast. Dies alles machte also Deine Prägung aus.

WAS DU BIST, WURDE ZUM GRÖSSTEN TEIL VON DEINER UMWELT GEPRÄGT.

Ich habe mich mit Dir gefreut auf diesem Weg zu Dir. Ich habe mitgelitten und auch viele andere Gefühle mit Dir geteilt. Ich beobachte immer, was in Dir passiert und versuche, Dir auf meine Art Mitteilungen zu senden, und zwar außerhalb der Botschaften der Außenwelt.

Jetzt ist der richtige Augenblick, um Dir meine Welt und Sicht zu zeigen und zu erklären. Ich freue mich, dass Du mich nun näher kennenlernen möchtest.

LASS UNS MAL SCHAUEN, WAS WIR, DU UND ICH, GEMEINSAM SIND, WO WIR HERKOMMEN UND WO WIR HINGEHEN.

Wir sind zusammen eine zeitgebundene, vorübergehende Existenz. Uff, komplizierte Aussage!

Aber sie trifft den Nagel genau auf den Kopf – jedenfalls in dem, was wir gemeinsam verkörpern. Wir sind in dieses Leben gekommen wie ein Reisender in ein Hotel, in dem man eincheckt, um wenige Zeit später wieder weiterzuziehen. Das Zimmer erwartet dann den nächsten Gast, der kommt. Ja, so ist die Realität, die Wirklichkeit!

Dein Ich trennt Dich von anderen Menschen. Und es trennt Dich von der Schöpfung – der Grundenergie, die alles mit allem verbindet.

In der Welt, in der Du lebst.

Sie ist sehr einfach zu erkennen. Wir müssen uns nur die Dinge um uns herum genau anschauen und erkennen, was die logische Realität ist. Das Erste, was uns ins Auge fällt, ist: Alles ist zusammengesetzt aus dem, was wir so als Materie bezeichnen. Der Stuhl, auf dem Du sitzt, Dein Smartphone, Dein Schmuck, Deine Kleider, Dein Haus, Dein Heimatgestirn, die Erde, die Sonne, ja sogar das ganze Universum – also folgerichtig auch Du SELBST. Die Materie, das Materielle, verleitet uns zu einer permanenten Geschäftigkeit – Geld verdienen, Unterhaltungskonsum, Autofahren, Urlaub usw. stehen für diese permanente Beschäftigung, eine automatisierte Betriebsamkeit, die uns von der wahren Existenz getrennt hält.

ALLES UM UNS HERUM IST ZUSAMMENGESETZT, NICHTS EXISTIERT AUS SICH HERAUS.

ALLES IST IM STÄNDIGEN WANDEL UND IM AUSTAUSCH MIT DER WELT, DIE DICH UMGIBT.

DIE REALITÄT UND DU

Das Nächste, was ich seit unserer gemeinsamen Reise beobachten kann, ist, dass Du Dir Deine Realität im Leben selbst geschaffen hast. Es passiert übrigens durch die Art und Weise, wie Du denkst.

Diese Sätze aus dem Talmud verdeutlichen uns dies:

**ACHTE AUF DEINE GEDANKEN,
DENN SIE WERDEN ZU WORTEN.**

**ACHTE AUF DEINE WORTE,
DENN SIE WERDEN ZU HANDLUNGEN.**

**ACHTE AUF DEINE HANDLUNGEN,
DENN SIE WERDEN ZU GEWOHNHEITEN.**

**ACHTE AUF DEINE GEWOHNHEITEN,
DENN SIE WERDEN ZU DEINEM CHARAKTER.**

**ACHTE AUF DEINEN CHARAKTER,
DENN ER WIRD ZU DEINEM SCHICKSAL.**

DAS HEISST ALSO:

ALLES, WAS DU HEUTE DENKST, WIRST DU DEMNÄCHST SEIN!

Seitdem wir zusammenleben, hast Du ununterbrochen alles angezogen, was mit Deinen Überzeugungen und Gedanken harmoniert.

Alles Andere hast du links liegen gelassen. Was Du für die Realität hältst, besteht in Wirklichkeit aus einer Projektion Deiner Wünsche und Hoffnungen in Deinen Gedanken.

ES SIND REINE
GEDANKEN-
KONSTRUKTE.

DU HAST DIR DEINE REALITÄT IMMER SELBER GESCHAFFEN, UND ZWAR DURCH DIE ART UND WEISE, WIE DU DENKST UND FÜHLST!

WAS IST TYPISCH FÜR MICH?

WAS ODER WER HAT MICH GEPRÄGT?

DIE MATERIELLE WELT UND DIE WIRKUNG AUF DICH UND DIE MENSCHEN.

Schauen wir uns doch die Materie mal genauer an. Damit kannst Du sehr real etwas anfangen. Du kannst sie anfassen, sehen, riechen, fühlen; sie bildet die Grundlage für Deine Existenz.

Die Materie ist ein Sammelbegriff für alles, woraus unser Körper und die Dinge, die uns umgeben, bestehen. Die Materie besteht aus chemischen und biologischen Stoffen und Materialien sowie deren Bausteine.

Du, ich habe Dich genau beobachtet und die Menschen in Deinem Umfeld ebenso und mir viele Gedanken darüber gemacht, was ich wahrgenommen habe. Ich habe überlegt, was Dich und andere im Leben glücklich gemacht hat und vor allem, wie lange dieses Glück anhält. Ja, die materielle Welt und ihre Wirkung auf die Menschen.

Was ich beobachtet habe, ist, dass eine existenzielle Enge entstanden ist. Das hängt ganz schlicht damit zusammen, dass Du und viele andere zu viel besitzen. Alle um Dich herum besitzen mehr, als sie benötigen. Der Durchschnittsdeutsche nennt im Schnitt 10.000 Dinge sein Eigentum. Grund dafür sind Du und das Wirtschaftssystem, in dem Du lebst. Kapitalismus braucht Wachstum, und Wachstum braucht Konsum. Weil wir uns im Alltag über den Blick auf die anderen definieren – ein bisschen Neid ist durchaus förderlich für unser Wirtschaftssystem – kennt der Materialismus (Konsum) kein Ende. Die letzten Jahrzehnte haben zu einem gewaltigen materiellen Fortschritt geführt. Das war sehr gut und bequem für unser Leben, hat aber auch zur aktuellen Umweltzerstörung geführt.

WIR HABEN ALLE VIEL ZU VIEL UND WOLLEN TROTZDEM IMMER MEHR.

Dass das nicht alles ist, hast Du vielleicht zuletzt gespürt, als der Tod eines geliebten Menschen Dich berührt und Dir gezeigt hat, wie es mit der Welt der Dinge steht. Wir alle sind auf die gleiche Weise geboren und werden in der gleichen Weise sterben, egal, wie viele Dinge wir um uns herum angesammelt haben.

MIT DEM TOD VERLIERST DU ALLES MATERIELLE, WAS DU EIN LEBEN LANG ANGESAMMELT HAST.

AUF WELCHE LEBENSLEISTUNG BIN ICH WIRKLICH STOLZ ?

WAS IST MATERIE?

Kleiner Ausflug ins Jahr 2011. Der Physik-Nobelpreis an die drei Kosmologen Saul Perlmutter, Brian Schmidt und Adam Riess war einer der ungewöhnlichsten, den die Königlich Schwedische Akademie der Wissenschaften je vergeben hat. Sie erhielten ihn für die Entdeckung der Dunklen Energie. Der Nachweis war ihnen allerdings nur indirekt gelungen, und bis heute weiß niemand, worum es sich bei diesem Energiefeld genau handelt. Es ist überall im Universum vorhanden. Auch jetzt, in diesem Augenblick, ist es um Dich herum. Es durchdringt Dich. Es lässt sich jedoch bis heute mit keinem wissenschaftlichen Instrument messen. Die Dunkle Energie ist eines der großen Mysterien der Kosmologie und Physik. Da nach heutigem Stand der Forschung Energie eine Form der Materie ist, besitzt auch die Dunkle Energie eine Masse. Sie stellt mit circa 68 % den Löwenanteil der insgesamt im Universum vorhandenen Masse. Rund 27 % macht die ebenfalls mysteriöse Dunkle Materie aus.

Nur fünf Prozent der Masse des Universums bestehen aus der uns vertrauten Materie, aus der wir Menschen, die gesamte Erde, die Sonne, der Mond und alle Sterne bestehen.

Unglaubliche 95 % der im Universum vorhandenen Masse sind für Dich unsichtbar – Stand heute – rätselhaft.

68%
DUNKLE ENERGIE

5%

27%
DUNKLE MATERIE

JA, ALLER MENSCHENGEIST IST KLEIN. UNSERE GRÖSSTEN WISSENSCHAFTLER KENNEN HEUTE NUR CIRCA 5 % VON ALLEM, WAS EXISTIERT.

Das ist die Realität der materiellen Welt. Sie ist unendlich klein, wenn man die gesamte Schöpfung betrachtet. 95 % der Schöpfung sind für Dich verborgen, jedenfalls wenn Du versuchst, über die Schöpfung nachzudenken. Diese 95 % sind mir aber nicht verborgen. Hier bin ich zu Hause, und ich verbinde sie mit Dir.

KLEINE GESCHICHTE VON VERBINDUNG UND GLÜCK

Alles ist mit allem auf einer tiefen Ebene verbunden. Alles ist mit allem total verwoben. Alles zusammen bildet ein Ganzes. Es gibt auf der tiefen Ebene nichts Isoliertes. Unsere bekannte Materie/Energie und die sogenannte Dunkle Materie/Energie sind verbunden und bilden gemeinsam die gesamte göttliche Schöpfung.

Ich werde immer sehr traurig, wenn ich beobachte, wann Du und die meisten Menschen glücklich werden und wie schnell dieses Glück wieder vergeht. Ein gutes Beispiel sind die Autos: Man beschäftigt sich intensiv mit Fragen wie „Welches will ich kaufen? Welche Extras will ich unbedingt haben?" Der Prozess ist fast immer der Gleiche: Man freut sich lange Zeit auf den Kauf, bereitet sich vor, liest alles darüber, fährt hin, um das Traumobjekt zu sehen, fährt Probe – eine sehr schöne Zeit der Vorfreude. Dann kommt der Augenblick des Besitzes, das Abholen im Autohaus, die Freude am Fahren. Man kommt mit dem Neuen nach Hause, alle freuen sich – und dann kommt relativ schnell der Alltag, und es wird ganz normal, mit diesem Auto zu fahren. Das Glück des Besitzes hält bei Dir und den meisten nur sehr kurz an. Die Gedanken sind immer gleich: „Wenn ich das Auto habe (oder etwas anderes), dann bin ich wirklich glücklich!" Welch eine Falle stellen uns da unsere Gedanken, es gibt dann nämlich schnell wieder etwas anderes, das wir haben wollen.

WENN MAN ES HAT, DANN IST ES GENAU SO WIE VORHER, UND ES HÖRT NICHT AUF, SONDERN WIRD SCHLIMMER …

Je mehr wir haben, um so mehr wollen wir. Das zu sehen, macht mich so traurig, weil ich Dich und alle Menschen liebe und weil es mein Ziel ist, Dich und alle immer glücklich zu sehen, damit wir zusammen zu unserer Einheit zurückfinden.

Ich beobachte schon lange, was Dich und andere wirklich glücklich macht. Dieses wirkliche Glück in Dir ist immer da, wenn Du Dich mit anderen Menschen um Dich herum, mit denen Du Zeit verbringst, vereint fühlst.

Ein gutes Beispiel sind die Besuche im Fußballstadion. Als Einzelner gehst Du Deine Mannschaft anfeuern. Dann wirst Du Teil einer größeren Einheit von zigtausenden Menschen. Alle eint, über alle Unterschiede hinweg, die gemeinsame Verbundenheit mit der Mannschaft, die auf dem Platz steht. Alle zusammen werden zum zwölften Mann auf dem Platz und stehen gemeinsam hinter ihrem Team und feuern es an. Auf einer tiefen Ebene spürst Du den Einklang in der Verbundenheit.

Das große Geheimnis von mir ist, dass Du in diesen Zeiten immer – auch mit mir – verbunden bist, denn meine Heimat liegt in der Verbundenheit, und meine Grundgefühle sind: Glück und Liebe.

DIESE GRUNDGEFÜHLE FÜHLST DU, WENN DU GÜTE UND MITGEFÜHL MIT ANDEREN MENSCHEN LEBST, DENN GÜTE UND MITGEFÜHL SIND DIE QUELLEN DES GLÜCKS.

Besonders traurig macht mich in den letzten Jahren, dass ich spüre, dass Du und ganz viele Menschen mit der Anzahl der sozialen Kontakte – vor allem in den sozialen Medien – überfordert sind.

Soziale Medien sind ein einzigartiges Netzwerk für Dich, täuschen Dir allerdings auch vor, dass Du mit sehr vielen Menschen verbunden bist und viele Freunde hast. Das ist nicht die Verbundenheit, die ich eben beschrieben habe. Ganz im Gegenteil: übermäßiger Konsum dieser Medien führen sogar zur Vereinsamung.

Soziale Medien verhindern die Achtsamkeit, denn sie bestärken den ständigen Vergleich mit der Außenwelt. Nicht umsonst sind diese Unternehmen so viel wert an der Börse, denn nirgendwo sonst lassen sich gezieltere Daten über Dich und andere Menschen finden. Damit kann man Dich systematisch ins Visier nehmen und Informationen zu Deinem Konsumverhalten bekommen. Dieses ständige Vergleichen mit der Außenwelt wird genutzt, um gezielt Werbeimpulse zu setzen. Es entsteht eine Spirale des Konsums: vergleichen, Konsumbereitschaft stärken, Signale setzen wie „Ich habe mehr als Du". Eine Teufelsspirale, die immer mehr einengt.

Schau Dir das bitte ganz genau an. Es ist gar nicht so schwer, wieder in Einklang zu kommen. Entscheide Du, wie wichtig Dir diese Netzwerke und Kontakte sind.

MATERIELLE DINGE UND OBERFLÄCHLICHE KONTAKTE MACHEN DICH AUF DAUER NICHT GLÜCKLICH!

GÜTE UND MITGEFÜHL MIT ANDEREN GEBEN DIR ANHALTENDES GLÜCK!

SEI DER MENSCH, DEN DU SELBST GERNE KENNENLERNEN WÜRDEST!

Diese Erkenntnisse sind sehr wichtig für Deine Entwicklung, weil Du nun eine Vorstellung davon erhältst, dass materielle Dinge Dich nicht glücklich machen.

Wenn Du das erkennst, hast Du sofort eine tiefere Verbundenheit mit mir und durch mich mit der gesamten Schöpfung. Du hast einen Zugang und spürst, welche Wirkung durch das Mitgefühl für andere entsteht.

Die Entfaltung des Mitgefühls macht Dir die Tür auf zur allumfassenden Verbundenheit mit der Schöpfung. Diese Entfaltung öffnet Dein Herz und macht Dich glücklich.

Verbundensein ist meine und Deine Natur, wir kommen aus dem Verbundensein mit allem und gehen dorthin wieder zurück. Früher war auch unsere Gesellschaft so aufgebaut: Wir haben in Stämmen zusammengelebt, dann in Dorfstrukturen, jeder hat etwas zum Gelingen der Gemeinschaft beigetragen. Erst auf dem Weg ins Industriezeitalter hat die Entwicklung zu immer größeren Städten begonnen. Doch in ihnen leben wir mehr und mehr vereinzelt: Der Bundesdurchschnitt der Single-Haushalte liegt bei fast 38 %, in Köln und München liegt der Prozentsatz bei 50 %. Das ist gegen die Natur des Menschen und auch einer der Gründe, warum die psychischen Krankheiten so stark zunehmen.

DIE
WELT
DER
SEELE

Diese Welt ist nicht aus irgendwelcher Materie zusammengesetzt. Viele versuchen, mich und meine Welt zu beschreiben. Die Wissenschaftler erforschen mich in den Quantenwelten, versuchen, mich mit der Supersymmetrie und anderen Theorien zu erklären. Sie sagen uns heute, dass Materie nicht aus Materie besteht, sondern geronnener Geist ist, verlangsamte Energie. Aber erkennen nicht, dass ihre Wahrnehmung immer nur ihr persönliches Bewusstsein widerspiegelt.

Die spirituellen Menschen, die Religionen versuchen, meine Welt zu ergründen und zu erklären, haben ihre Erklärungsversuche allerdings so kompliziert gemacht, dass die Menschen mich nicht mehr finden können mit diesen Erklärungen.

Dabei ist es ziemlich einfach: Meine Welt ist mit Dir und allem verbunden. Wie schrieb Antoine de Saint-Exupéry, der Schöpfer des kleinen Prinzen:

„DAS WESENTLICHE IST FÜR DIE AUGEN UNSICHTBAR, MAN SIEHT NUR MIT DEM HERZEN GUT"

Spirituelle, religiöse und wissenschaftliche Menschen streifen mich nur mit ihrem Denken, aber alle, die fühlen können, können mich finden.

In unserem tiefen Ursprung sind wir alle spirituelle Wesen, die das menschliche Leben erfahren. Wir sind nicht Menschen, die auf der Suche nach einer spirituellen Erfahrung sind.

DAS INTERNET DER SCHÖPFUNG.

Ich komme aus dem tiefen Verbundensein, das alles, wirklich alles verbindet. Das ist der tiefe Urgrund der Existenz. Vielleicht hilft Dir folgende Vorstellung, um dir den Ort, wo ich herkomme, vorzustellen. Man kann es sich vielleicht ein bisschen so vorstellen wie das Internet der Schöpfung, das alles Leben speichert, was je entsteht.

Seit der Erfindung des World Wide Webs im Jahre 1989 durch Tim Berners-Lee vom CERN in Genf ist unsere Welt in einen rasanten Veränderungsprozess eingetreten. Das Wissen der Menschheit hat einen Weg gefunden, zu jedem einzelnen Menschen zu gelangen – und das zu jeder Zeit und an jedem Ort. Wir stehen erst am Anfang der Auswirkungen, was das für uns Menschen und den Planeten bedeutet. Es entstanden Netzwerkstrukturen, in denen sich Milliarden von Menschen vernetzen und austauschen können. Sie können ihre Meinungen und ihr Wissen sofort mit anderen Menschen teilen und Feedback erhalten bzw. Kontakte mit Gleichgesinnten herstellen, die vor zwanzig Jahren nicht denkbar gewesen wären.

Bildlich gesprochen kann man das Wissen der Menschheit sowohl auf eine Person verdichten wie auch in einem weltumspannenden Netz für alle Zukunft ablegen, so dass Menschen in 1000 Jahren oder in 10.000 Jahren auf dieses Wissen zurückgreifen können. Wenn wir diesen Vergleich benutzen, dann ist meine Welt: das Internet der Schöpfung.

Ein Netz, in dem alles vorhanden ist, was je in der Schöpfung geschehen ist und geschehen wird. Durch mich hast Du den Zugang auf dieses Internet der Schöpfung.

WAS LEHRT DICH DER FUSSBALL ÜBER UNTERSTÜTZUNG UND KOOPERATION?

Fast jeder kennt eine Fußballmannschaft auf dieser Welt. An einem Fußballteam kann man erkennen, wie wichtig Verbundenheit und gemeinsame Kooperation für ein gelungenes Zusammenspiel sind.

Ein gutes Fußballteam lebt nicht von dem Egoismus einzelner Spieler, sondern von der gegenseitigen Hilfe und dem gegenseitigen Unterstützen im Team. Die richtig guten Spieler spielen um des Spielens willen und aus keinem anderen Grund. Die guten Trainer wissen, dass neben Fitness und fußballerischem Können vor allem der menschliche Umgang im Verein entscheidend für die Leistung des Einzelnen ist. Wenn der Trainer das Interesse der Spieler füreinander wecken kann, entsteht ein echt starkes Team. Wie sagte unser alter Bundestrainer Sepp Herberger: „Elf Freunde müsst ihr sein!!" Vielleicht haben genau deshalb so viele Menschen weltweit, fernab jeder Religion und Staatsangehörigkeit, so viel Freude und Spaß am Fußball, weil er uns unseren tiefen

Ursprung des Einklangs und der Verbundenheit spiegelt und uns vermittelt, dass gegenseitiges Helfen und die Kooperation im Team der wirkliche Ursprung von uns allen ist.

Fußball lehrt Dich, wie wichtig Unterstützung und Kooperation ist.

Im Grunde ist es ganz einfach: Ich, die Seele, bin nicht etwas großes Spirituelles, und ich bin auch kein Wesen aus einer anderen Welt. Die Wissenschafter dieses Planeten sind ganz einfach noch nicht so weit, um meine Existenzebene wahrnehmen zu können. Dieses wird aber geschehen, es ist eine Frage der Zeit. Ich gehöre genau so zur Existenz des Planeten Erde wie die Materie, die Zeit und viele andere Dinge.

ALSO NICHT SO KOMPLIZIERT DENKEN, SONDERN MICH ERFÜHLEN.

DER KONTAKT ZU DEINER SEELE GEHT ÜBER DAS FÜHLEN.

GEBURT UND TOD IM INTERNET DER SCHÖPFUNG.

Jetzt wird es spannend, mein geliebtes Ich dieses Lebens. Ich bin die Stelle in Dir, die Kontakt hat zu Orten, die außerhalb der Zeit existieren, die nicht materiellen Ursprungs sind und die nach Deinem Denken ewig existieren. Stelle Dir auch hierzu wieder das gewaltige Internet der Schöpfung vor.

Du, jetzt musst Du verstehen, dass die Punkte Geburt und Tod für Dich die einzig wichtigen Termine sind, die Du in diesem Leben hast. Für mich sind sie aber nur wichtig, um Dich durch diese energetisch wichtigen Punkte zu begleiten.

STEIGEN WIR MAL EIN, WIE ICH DAS SEHE:

In diesem ständigen Fluss, den Du Existenz nennst, gibt es einen Punkt, der GEBURT genannt wird und einen Punkt, der TOD genannt wird. Dieser Fluss ging der Geburt bereits voraus und fließt über den Tod hinaus weiter, immer weiter. Du musst dieses flussartige Wesen der Existenz erkennen. Erst dann kannst Du verstehen, was todlos ist. Selbstverständlich muss das, was TODLOS ist, auch GEBURTSLOS sein. Wenn Du das erfühlst, dann findest du mich.

Tod ist gegen das Leben – das sagen jedenfalls die meisten Menschen, aber diese Aussage ist grundlegend falsch. Tod ist nicht der Feind des Lebens. Tod und Leben sind im Kern zwei Pole der gleichen Energie. Der Keim der Existenz des Todes liegt in Deiner Geburt verankert. Der Tod ist organischer Bestandteil Deines Lebens. Ohne ihn kann Leben nicht existieren. Wenn Du genau hinschaust, dann nimmst Du wahr, dass der Tod in jedem Augenblick entsteht. Du siehst ihn überall um Dich herum, z.B. in der Natur: Blumen erblühen und verwelken und erblühen wieder. Bäume bekommen im Frühling frische grüne Blätter und erblühen, im Herbst werden diese Blätter braun, fallen von den Bäumen und vermodern am Boden, im nächsten Frühling beginnt dieser Prozess von neuem. Unsere geliebten Haustiere wie Katzen und Hunde sterben in kürzeren Zeitabschnitten als wir Menschen und konfrontieren uns mit dem ewigen Kreislauf der Existenz. Denn die Endlichkeit des Lebens wird Dir besonders stark bewusst bzw. berührt Dich tief innen, wenn ein guter Bekannter oder jemand, mit dem Du durch die Liebe verbunden bist, stirbt.

Dein Atem kann Dir ein Spiegel sein für diesen ständigen Kreislauf. In dem Augenblick, in dem Du einatmest, passiert Leben. In dem Augenblick, in dem Du ausatmest, passiert Tod.

Ich war dabei, als Du geboren wurdest. Das Erste, was Du gemacht hast, nachdem Du aus dem Bauch deiner Mutter und aus dem Nichts heraus diese Welt erblickt hast, war einzuatmen. Du hast aber nicht nur eingeatmet, sondern deiner Umgebung auch mit einem Riesenschrei den göttlichen Atem entgegengeschleudert! Damit hat Dein Leben auf dieser Welt angefangen.

Das Beobachten von sterbenden Menschen lehrt Dich, was Du als Letztes tun wirst auf dieser Welt. Das Letzte wird sein, dass Du ausatmest. Jeder Mensch, der schon einmal einen Menschen hat sterben sehen, bekommt eine Ahnung davon, dass es mich gibt. Da liegt der tote Mensch, den man so gut kannte. Er ist zur unbelebten, reinen Materie geworden. Im Kern liegt dort eine fremde Hülle, die man nicht kennt.

DIE SEELE HAT IHR FAHRZEUG FÜR DIESES
LEBEN VERLASSEN UND IST WOANDERS
HINGEREIST.

GEBOREN
ZU WERDEN, BEDEUTET, VON DER EXISTENZ EINE SEELE ZU BEKOMMEN.

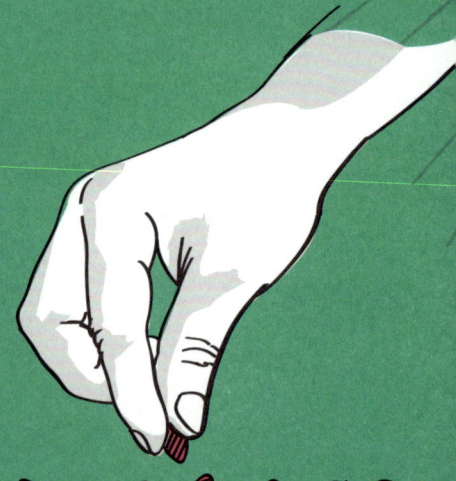

STERBEN
BEDEUTET, DIESE
SEELE DER EXISTENZ
ZURÜCKZUGEBEN.

**DAS LEBEN, WAS DU HEUTE FÜHRST,
IST BEREITS DIE AUFERSTEHUNG.**

DIE SEELE IST DER SCHÖPFUNGS-FUNKE IN DIR.

Das, was ich mit zu Dir gebracht habe, ist ganz einfach das Leben selbst. Wir sind das Leben selbst, der göttliche Funke – so nannte es Schiller. Jesus sagt: Ihr seid das Licht der Welt. Buddhisten nennen es die Abwesenheit von Form: LEERE.

Ich bin, einfach ausgedrückt, ein ewiges Geschehen; ein zeitloses Geschehen, das nie endet.

DEINE SEELE IST DAS LEBEN SELBER, EIN SCHÖPFUNGS-FUNKE.

**EIN EWIGES GESCHEHEN,
EIN GESCHEHEN,
DAS NIE ENDET!**

Ich muss immer schmunzeln, was die Menschen so wahrnehmen. Ich, dieser Schöpfungsfunke in Dir, bin gleichzeitig der größte Witz der Existenz.

Viele Menschen reden über Erleuchtung. Sie wollen erleuchtet sein so wie Jesus, Buddha, Shantideva, Franz von Assisi, der Dalai Lama und viele andere. Dabei verstehen sie nicht, dass sie alle, ja wirklich alle Menschen, erleuchtet sind.

Es besteht nur ein kleiner Unterschied:

DIE EINEN WISSEN ES, UND DIE ANDEREN WISSEN ES ♥ NOCH NICHT.

Die Geburt und der Tod sind ein stetiges Erblühen, eine Hilfe für das Leben. Sie helfen dem Leben, alte Formen loszuwerden und begrenzte Strukturen aufzubrechen, damit ich wieder frisch, jung und ursprünglich da sein kann. Nur so kann ich Dir Zugang zur Kreativität verschaffen. Dieses wichtige Portal kann nur ich für Dich öffnen.

DIE LEERE REGT MICH AN. FÜLLE ERSTICKT MICH.

Viele können dann am besten kochen, wenn nicht alle Zutaten zur Stelle sind, wenn sie improvisieren müssen. Genau in diesem Moment stellt sich der Kontakt zu mir her, entsteht die Verbindung zum Ursprünglichen, zur Kreativität. Kreativität ist ein Schöpfungsakt.

Du, mir geht es nicht darum, Deinen Geist aufzuräumen. Ich möchte Dir helfen, das Leben selbst zu verstehen. Dieses Verstehen öffnet Dir die Tür für die Erfahrung des ursprünglichen Seins, um ganz einfach das Jetzt, den Augenblick, die Abwesenheit von Vergangenheit und Zukunft zu erfahren und zu spüren. Das bedeutet dann das ursprüngliche Glück ohne äußere Glücksgüter.

WAS BIST DU WIRK-LICH IN DER SCHÖPF-UNG?

Du bist das Leben selbst – eine von Milliarden Erscheinungs-
formen, die kommen und vergehen und einfach da sind, so
wie Blumen, Bäume, Wiesen und Tiere, wie das Gras, die
Erde und das gesamte Weltall.

Schauen wir uns die Zeiträume der Existenz unseres
Weltalls an, um eine Ahnung zu bekommen wie klein die
Zeitspanne ist, in der wir Menschen auf diesem Planeten
existieren.

Das Weltall ist circa 13 Milliarden Jahre alt, unsere Erde
circa 4,6 Milliarden Jahre. Um uns das vorstellen zu können machen wir einmal aus 100 Millionen Jahren ein Jahr.

Damit wäre unser Planet Erde jetzt 46 Jahre alt. Über die
ersten 43 Jahre wissen wir wir sehr wenig. Als die Erde
44 Jahre alt war, kamen die Dinosaurier, uns Menschen
gibt es seit vier Stunden, vor einer Stunde haben wir angefangen Landwirtschaft zu betreiben, vor 30 Minuten
wurde das Rad erfunden, vor drei Minuten glaubten wir
noch, dass die Sonne um die Erde kreist. Das Auto wurde
vor 42 Sekunden erfunden, ein Menschenleben dauert
ca. 14 Sekunden und das Internet gibt es seit 6 Sekunden.
Die Farne, die Bäume und die Steine gibt es schon so lange
Jahre in unserem Vergleich und wir Menschen leben hier
erst seit so kurzer Zeit.

WIR MENSCHEN SIND EINE FLÜCHTIGE ERSCHEINUNG AUF DIESEM PLANETEN. WIR EXISTIEREN NUR KURZ IM EWIGEN GESCHEHEN DER SCHÖPFUNG.

Wenn Du Dir die gewaltigen Zeitspannen der Schöpfung vergegenwärtigst, wird es sehr einfach.

Du musst die absolute Verantwortung für Dich selbst übernehmen. Mache keine Kompromisse mehr, die zulasten Deiner Integrität gehen. Lebe Dein Leben total. Sei Dir in jedem Augenblick bewusst, was Du denkst und vor allem fühlst. Die Welt zu verändern geht nicht über große Worte und Bücher, sondern nur über den Kontakt zu Deinem Innersten. Die tiefsten Weisheiten sind auch immer die einfachsten. Sie sind alle in Deiner DNA gespeichert. Alles, was Du brauchst, findest Du in Dir selbst. Die Weisen sagen dies seit ewigen Zeiten.

FINDE DEIN HERZ, DANN FINDEST DU DEINEN WEG. FINDEST DU DEIN HERZ, DANN FINDEST DU DIE LIEBE.

Sobald Du die Liebe gefunden hast, verändert sich Dein Ich und verbindet Dich mit der Grundenergie der Schöpfung, der Energie, die alles verbindet. Dann bist du kein getrenntes Wesen mehr. Du pulsierst mit der Schöpfung und bist angekommen in der tiefen Verbindung mit allem.

Das hört sich alles sehr gut an. Was aber ist der konkrete Weg zu diesem langfristigen Glück?

Mitgefühl gilt in allen Glaubenstraditionen und in vielen philosophischen Richtungen als große Tugend. Es ist aber viel mehr als das. Es ist für das höchste Glücksniveau verantwortlich, das je gemessen wurde. Mitgefühl ist ein geistiger Zustand, verbunden mit einer gewissen Sorge um das Leben und Leiden anderer und dem Wunsch, dieses Leiden gelindert zu sehen. Es besteht vereinfacht dargestellt aus drei Teilen:

ICH VERSTEHE DICH.

ICH FÜHLE MIT DIR.

ICH MÖCHTE DIR HELFEN.

Bei einem großen Forschungsprojekt in den USA und Japan wurden über 100.000 Menschen befragt: „Was hat Sie in den letzten 24 Stunden glücklich gemacht?" Über 60 % der Befragten gaben an: „Andere Menschen". Die wichtigsten Dinge im Leben kann man nicht kaufen. Liebe, Mitgefühl, Dankbarkeit, ein Lächeln oder einen liebevollen Kuss können uns nur andere Menschen schenken. Glück ist meine Grundeinstellung – die Grundeinstellung aller Seelen.

Du siehst: Es ist keine Zauberei. Mitgefühl für andere macht Dich ausgeglichener und erfüllt Dein Leben. Bei unserem Lebensweg habe ich beobachtet, dass Dein empfundenes Glück ein Resultat Deiner inneren Reife ist.

Nächstenliebe und Großzügigkeit machen die wahre Schönheit von Dir aus. Aus dieser inneren Schönheit leuchtet Deine Güte hervor. Das ist der größte Beitrag, den Du zu einem Leben in dieser Welt beisteuern kannst. Die Bereitschaft zu geben, zu teilen und loszulassen schenkt den Menschen um Dich herum Vertrauen.

Zu den Empfindungen, die über Deine Sinnesorgane in einem Wechselspiel mit der Außenwelt entstehen und wieder vergehen und mich nicht berühren, habe ich

Gefühle mit in dieses Leben zu Dir gebracht – und zwar
Gefühle, die mein innerstes Wesen widerspiegeln:

MITGEFÜHL, NÄCHSTENLIEBE, GROSSZÜGIGKEIT, DIE VERBUNDENHEIT MIT ALLEM.

Gerade das Mitgefühl, die Fähigkeit zu
fühlen, was andere Menschen erleben,
ist der wichtigste Schlüssel für Dich,
um bedeutsame Beziehungen mit
anderen aufzubauen und friedlich
mit ihnen zusammenzuleben.

DAS MITGEFÜHL FÜR ANDERE, DER WUNSCH, ANDEREN ZU HELFEN UND DIE DARAUF FOLGENDE TAT MACHEN DICH LANGFRISTIG GLÜCKLICH.

Wir Haben MITGEFÜHL

ES IST WICHTIG, DASS WIR UNS BEWUSST
WERDEN, WIE VIEL VON UNSEREM
EIGENEN GLÜCK MIT DEM GLÜCK
ANDERER ZU TUN HAT.
ES GIBT KEIN INDIVIDUELLES GLÜCK ,
DAS VON DEN ANDEREN GANZ
UNABHÄNGIG IST.

S.H. DER XIV DALAI LAMA

**LIEBE LESERIN,
LIEBER LESER,**

**HIER HÖRT DAS GESPRÄCH
MIT IHRER SEELE AUF.**

**DER KONKRETE WEG ZU IHRER SEELE
WAREN DIE ERSTEN SCHRITTE, MIT DENEN
ICH, DER AUTOR, MICH MEINER SEELE
GENÄHERT HABE. ICH HOFFE, DASS DIESE
SCHRITTE SIE AUF IHREM WEG ZU IHRER
SEELE UNTERSTÜTZEN.**

WAS IST DER KONKRETE WEG ZU IHRER SEELE?

Nur fünf Prozent der Masse des Universums bestehen aus der Ihnen vertrauten Materie, aus der Sie, die gesamte Erde, die Sonne, der Mond und alle Sterne bestehen. 95 % der im Universum vorhandenen Masse sind für Sie unsichtbar und Stand heute: rätselhaft.

Dieser bis heute rätselhafte Bereich ist für mich die Heimat der Seele. Ein Bereich, in dem auf tiefer Ebene alles mit allem verbunden ist (ich habe es im Buch das „Internet der Schöpfung" genannt). Für mich ist die Heimat der Seele ganz einfach überall in uns Menschen, in den Tieren, in den Pflanzen – im gesamten Universum.

Die Seele durchdringt und durchwebt alles.

Wenn Sie sich mit diesem Wissen mit Ihrem Atem verbinden, so können Sie mit diesem Netz interagieren, in es hineinfühlen. Wenn Sie einatmen, nehmen Sie aus dem allumspannenden Netz etwas auf.

Mit dem Ausatmen geben Sie in das allumspannende Netz etwas hinein. Diese Vorstellung und Meditation auf den Atem sind gute Werkzeuge, um Sie tiefer mit Ihren Gefühlen zu verbinden und zu Ihrer Seele vorzustoßen. Wichtig ist, dass Sie keine Wertung vornehmen, sondern sich ganz einfach auf Ihren Atem konzentrieren und sich damit verbinden.

ATMEN

Die Meditation hilft Ihnen, zwischen der oberflächlichen Welt und der inneren Welt zu unterscheiden und tiefer zu gehen. Die Atemmeditation ist ein ausgezeichnetes Werkzeug, denn Sie haben den Atem immer dabei und können diese Art der Meditation jederzeit für ein paar Minuten anwenden.

Eine weitere gute Meditation, die Sie zu jeder Zeit anwenden können, ist

ACHTSAMES GEHEN

„Achtsam" heißt bewusste Wahrnehmung, ohne zu werten. Für einen kleinen Spaziergang reichen schon fünf bis zehn Minuten. Denken Sie dabei nicht schon an Ihren nächsten Termin, sondern nehmen Sie wahr, was um Sie herum geschieht.

Vielleicht sehen Sie eine Blume, die blüht… nehmen Sie sie genau wahr, vielleicht sehen Sie einen Baum, ein Auto oder was auch immer, konzentrieren Sie sich auf das, was Sie wahrnehmen. Wenn Sie es regelmäßig machen, werden Sie mit der Zeit Ruhe, Entspannung, mehr Lebensfreude und mehr Energie in sich spüren. Dann sind Sie auf dem richtigen Weg. Ihr Mitgefühl wird dadurch größer, Ihre Dankbarkeit steigert sich, und schon sind Sie mehr mit Ihrer Seele verbunden.

Irgendwann werden Sie die Stille in sich wahrnehmen können. Dann werden Sie spüren, dass diese Stille nicht nur die Abwesenheit von allen Geräuschen ist, sondern auch die Anwesenheit von etwas, das keine Form hat: Das ist Ihre Seele.

Ihre Oberfläche besteht aus Ihrem Stand in der Gesellschaft – Ihr Besitz, Ihr Training für Ihren Körper, Ihre Kleider, Ihr Haus, Ihr Auto, Ihre Bildung. Ihre Tiefe ist der Kontakt zu Ihrer Seele, Ihrer wirklichen Existenz.

MEDITATION HILFT IHNEN, MIT IHRER SEELE IN KONTAKT ZU TRETEN, SIE HILFT IHNEN ABER AUCH, WENN SIE FRUSTRIERT SIND UND ANGST HABEN.

Schauen Sie genau hin, stellen Sie fest, dass die Dinge, mit denen Sie sich identifizieren, Vorstellungen sind, die aus Ihren Gedanken stammen – es sind reine Gedankenformen wie z.B.: „Ich brauche ein größeres Auto, ein größeres Haus als die anderen. Ich muss mehr wissen als der und der ...“

WENN SIE DAS ERKENNEN, KÖNNEN SIE AUCH EINE VISION DAVON ERHALTEN, WAS DIE TIEFERE EBENE UNTER DIESEN GEDANKEN SEIN KÖNNTE.

Hierzu folgende Zeilen von Shantideva, einem indischen Meister des 7. Jahrhunderts unserer Zeitrechnung:

„Solange der unermessliche Raum Bestand hat und solange noch fühlende Wesen da sind, möge auch ich ausharren, um das Elend der Welt zu lindern.“

Diese Zeilen von Shantideva drücken sehr viel Mitgefühl für alle lebenden Wesen und für die ganze Schöpfung aus. Die meisten spirituellen Menschen wollen erleuchtet werden und ins Nirvana eintreten, das ist ihr Ziel. Shantideva, der erleuchtet ist, sagt ganz einfach:

„Ich will nicht mit der Erleuchtung Schluss machen, sondern ich will hier in diesem Raum bleiben und allen helfen, die leiden, bis es keinen mehr gibt, der leidet! Erst dann ist meine Aufgabe erfüllt." Das hat mich tief berührt, dass ein Mensch so viel Mitgefühl für alles entwickeln kann. Was wäre unser Planet für ein wundervoller Ort, wenn alle so denken würden!

Das Bild und die Worte haben mir in schwierigen Situationen immer geholfen, Kontakt mit meiner Seele herzustellen. Das hat mich beruhigt und mir einen Ausweg, eine Tür gezeigt, die mich aus den negativen Situationen herausgeführt hat und mich wieder mit meiner Seele verbunden hat.

Es ist ein Tipp für Sie, aber eben nur ein Tipp, der passen kann, aber nicht muss. Wichtig ist, etwas zu finden, einen Text, eine Melodie, ein Bild oder den Kontakt zu einem Menschen – einen Anker sozusagen, an den Sie sich erinnern, wenn es kritisch wird, der Sie nach innen führt und Ihnen einen Weg zeigt, mit der Situation klarzukommen und glücklich zu werden, Kontakt mit Ihrer Seele in schwierigen Situationen herzustellen, so dass sie Sie unterstützen kann. Ihre Seele mit ihrer Verbindung zu allem ist das, womit Sie geboren wurden. Sie ist Ihre persönliche Verbindung zur Schöpfung bzw. dem Schöpfer. Dieser Verbindung sollten Sie Wert beimessen, denn sie ist das von Ihnen, was ewig ist. Wenn Sie Dingen wie Geld, Autos, Häuser, Prestige usw. zu starken Wert geben, suchen Sie nur zu stark nach Bedeutung im Bedeutungslosen.

Sie sind hier, um in der Erweiterung der Schöpfung Mitschöpfer zu sein. Überschätzen Sie nicht, was Sie mit Ihren physischen Sinnen wahrnehmen und unterschätzen Sie nicht, was Sie mit Ihrem Herzen als wahr erkennen. Ihre Seele ist das innerste Wissen Ihres Herzens. Sie ist nicht aus Materie, folglich ist sie nicht materiell, sie ist Energie. Sie hat nichts mit der physischen Welt zu tun, kann aber in ihr zum Ausdruck gebracht werden.

Sie erfahren sie zum Beispiel als Mitgefühl, Frieden, Freude, Verbundenheit und Güte.

Wir alle sind miteinander verbunden, niemand ist eine Insel. Es geht immer darum, füreinander da zu sein, anzukommen in Ihrer Mitte, in Ihrer Seele und mit Ihrer persönlichen Energie die Welt zum Leuchten zu bringen, sie heller, liebevoller, freundlicher zu machen. Das ist der Grund Ihres Lebens auf diesem Planeten. Wenn Sie das erkennen, erkennen Sie die grundlegende Energie Ihrer Seele, die universelle Liebe.

Viel Spaß auf dieser Reise in Ihr Inneres.

Mit einem herzlichen Glück auf,
Freddy Fischer

DURCH DIE SEELE BIST DU MIT DER GANZEN SCHÖPFUNG VERBUNDEN.

DURCH MEDITATION KANNST DU DICH IHR NÄHERN.

MEDITIEREN BEDEUTET EINE VERABREDUNG MIT DER SEELE

WAS IST DER TIEFE URSPRUNG MEINER PERSON, DIE ALL DAS, WORÜBER ICH BEIM LESEN DIESES BUCHES NACHGEDACHT HABE, AUFGENOMMEN HAT ?

Mit den Einnahmen dieses Buches möchte ich über die freddy fischer stiftung Projekte in unseren Schulen fördern und somit die Ausbildung unserer Kinder ergänzen.

Ich habe mich immer in der Schule nicht ganz wohlgefühlt. Das System, einfach zu lernen, um eine Note zu bekommen und den Inhalt zu großen Teilen später wieder zu vergessen, ist unser System und hat sich auch augenscheinlich bewährt. Ich persönlich finde jedoch, dass dieses Lernen an unseren Schulen ergänzt werden sollte um Fächer, in denen zum Beispiel:

- Meditation
- Soziales Verhalten
- Gelebtes Mitgefühl
- Teamwork und Kooperation
- Spiritualität
- Ethik
- Was sind die Wege zu einer friedlichen Welt
gelehrt werden.

Viele harte Fakten des Lernens kann ich heute nicht mehr abrufen, aber ich habe gelernt zu lernen mit Freunden. Warum sollte das nicht neben einer gesellschaftlichen Ethik, die den Weltfrieden zum Ziel hat, unterrichtet werden?

STERBEN BEDEUTET, SEINE SEELE ZURÜCK- ZUGEBEN AN DIE SCHÖPFUNG.

Liebe Leserin, lieber Leser,

vielleicht sind Sie jetzt an diesem Punkt des Buches angelangt, weil Sie alle Kapitel schon gelesen haben. Das wäre wunderbar, und dann hätten Sie schon viel über mich, mein Denken und mein Fühlen erfahren. Trotzdem möchte ich mich Ihnen an dieser Stelle noch mit einigen biografischen Daten vorstellen:

Ich wurde 1960 im Westerwald geboren. Studierte in Koblenz. Seit 1989 lebe ich mit meiner Familie im Ruhrgebiet als Unternehmer, Stiftungsgründer, Ideengeber, Querdenker. Meine Lebensaufgabe ist es, Menschen in unterschiedlichen Bereichen anzustiften und zu verbinden.

Vielleicht möchten Sie mir ja schreiben, wie Ihnen das Buch gefallen hat und welche Erfahrungen Sie im Gespräch mit Ihrer Seele machen.

Ich freue mich über Post von Ihnen.
Sie erreichen mich über:
freddy fischer stiftung
Severinstraße 20
45127 Essen

Wer über den Kaufpreis hinaus unsere Projekte unterstützen und spenden möchte:

Kontoinhaber:	freddy fischer stiftung
Bank:	Sparkasse Essen
IBAN:	DE08 3605 0105 0000 1751 25
BIC:	SPESDE3EXXX

DANK-SAGUNG.

Sie halten das Buch in den Händen und konnten es lesen. Ich danke allen, die mir dabei geholfen haben. Mein Dank gilt auch all denen, die mir dabei geholfen haben, Kontakt zu den Lehren von Mystikern der Vergangenheit bzw. zu Mystikern und erleuchteten Menschen der gegenwärtigen Zeit aufzunehmen.

Diese Mystiker bzw. die erleuchteten Wesen sind:
Pater Willigis Jäger
Pater Anselm Grün
Lew Tolstoi
S.H. der XIV Dalai Lama
Sogyal Rinpoche
Osho
Eckhart Tolle
Franz von Assisi